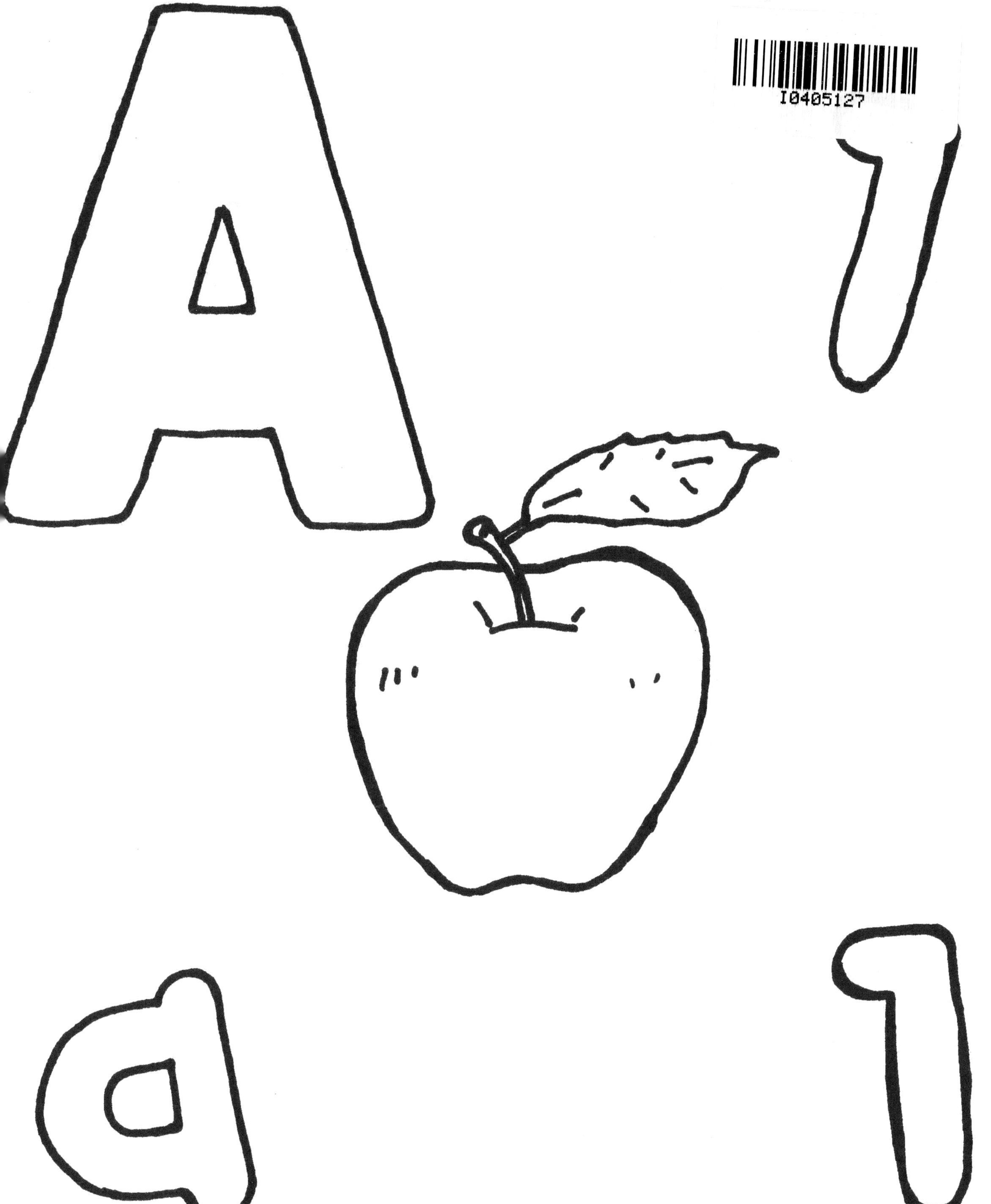
A
1
a
1

B 2

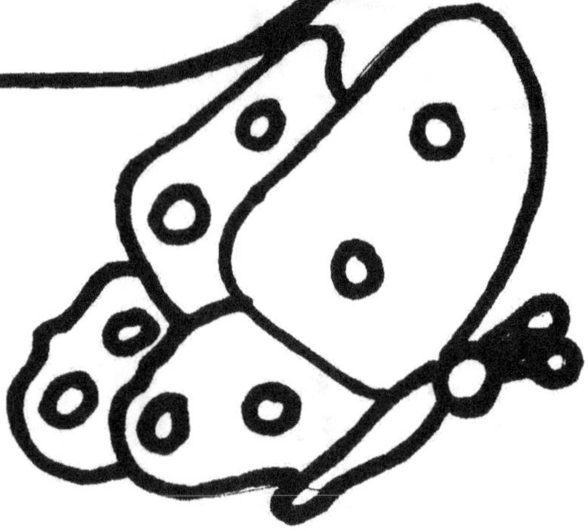 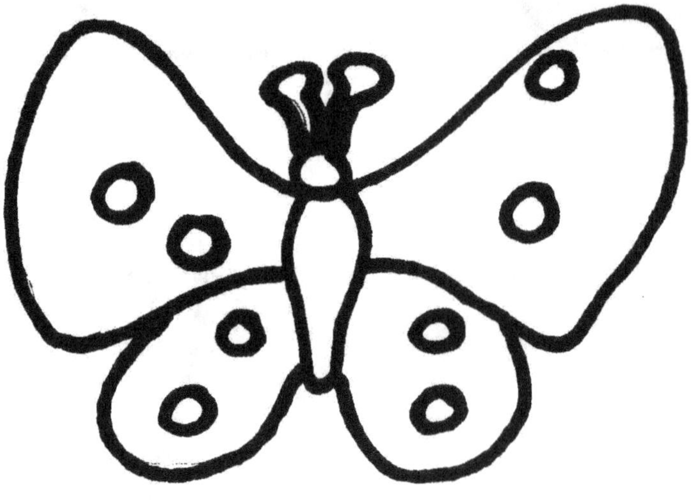

b 2

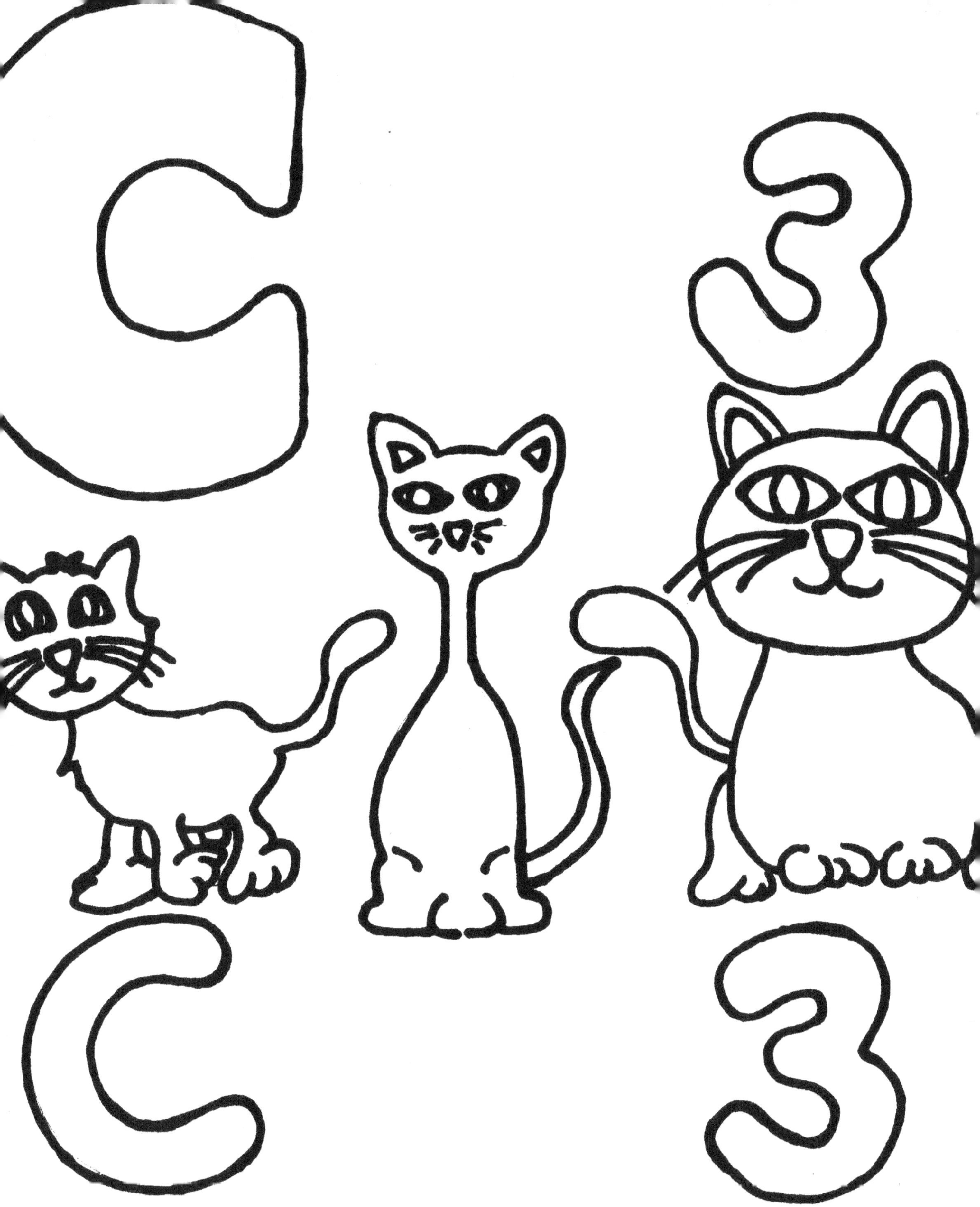
C
3
C
3

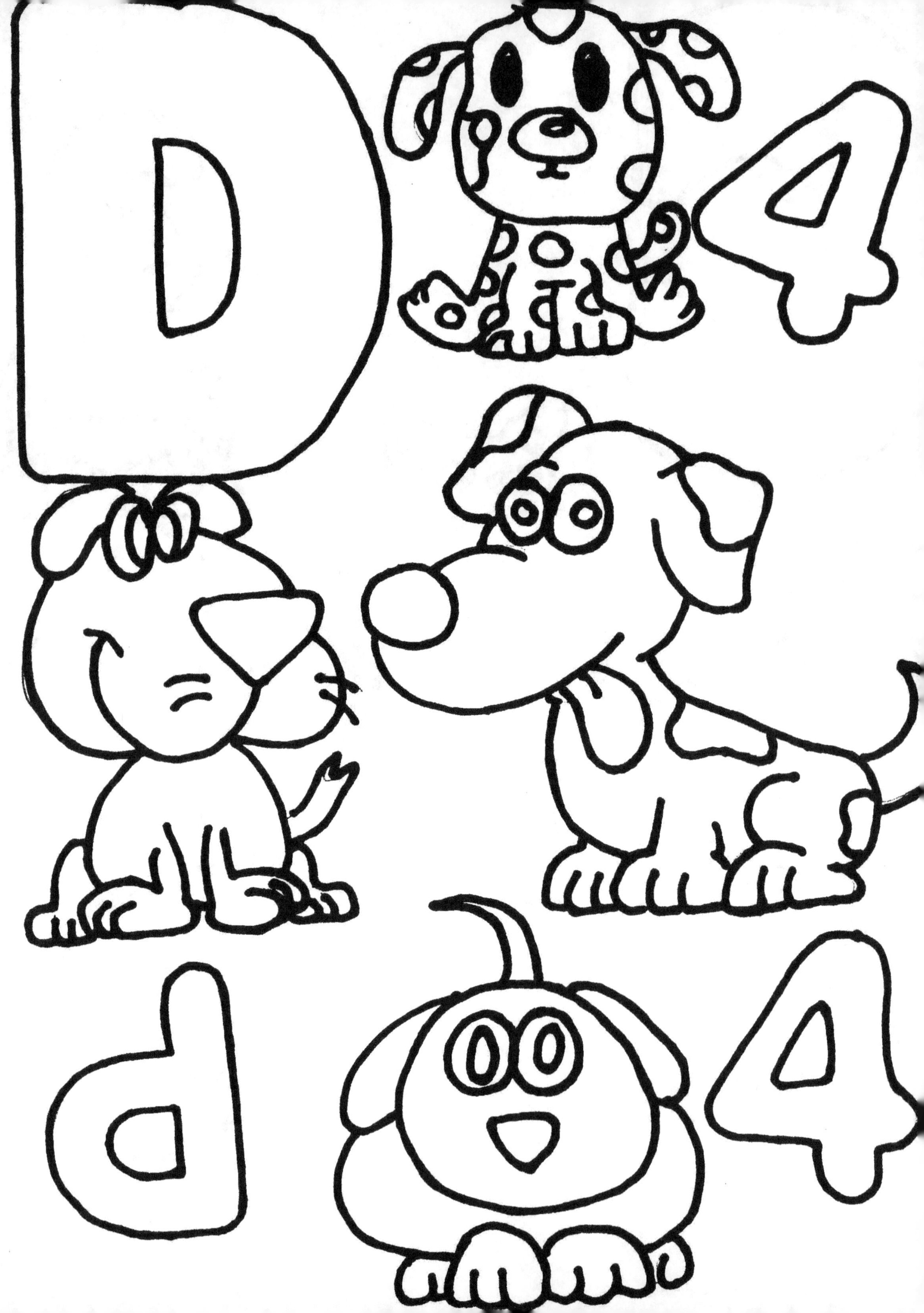
D
4
d
4

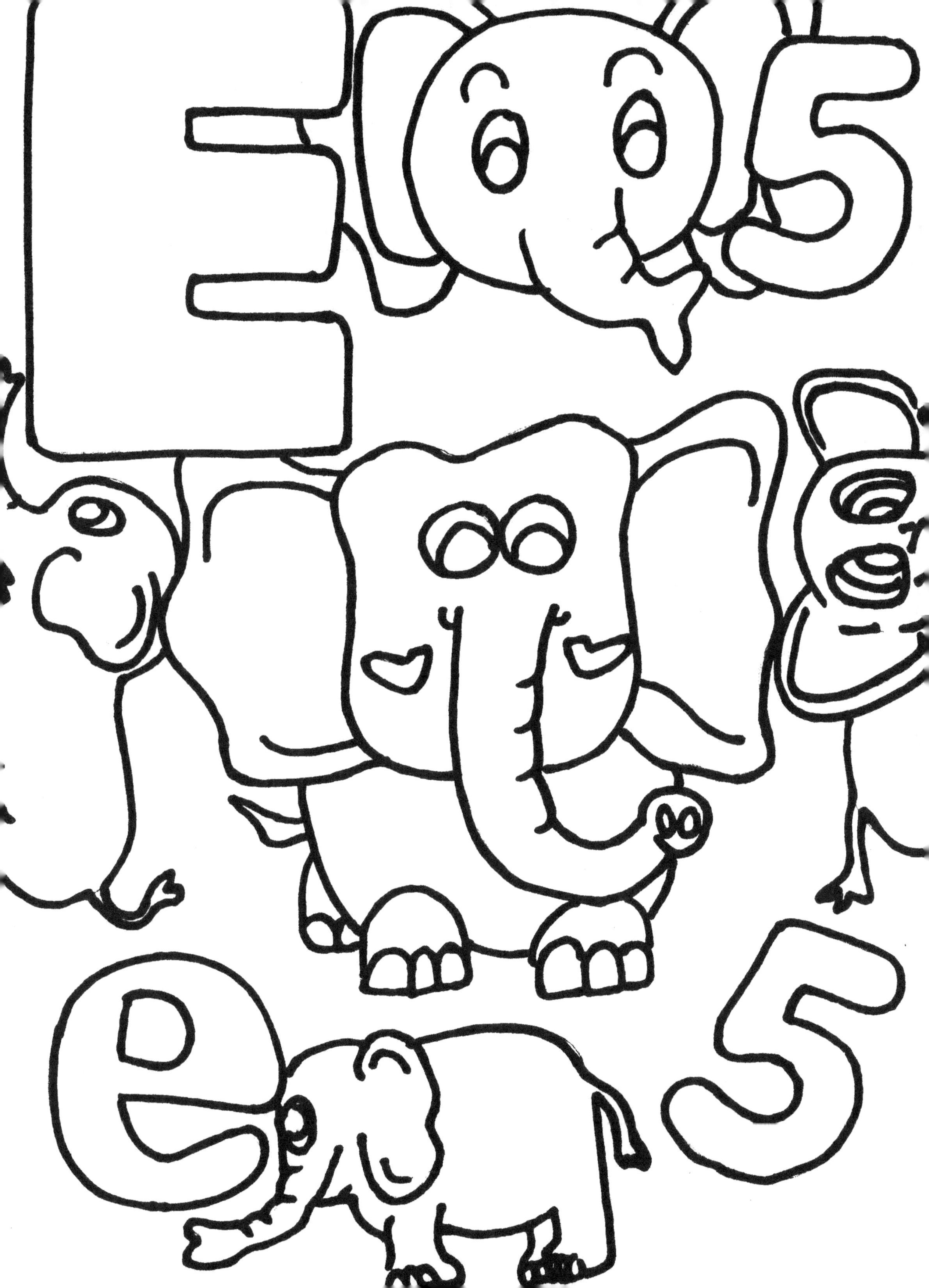
E
5
e
5

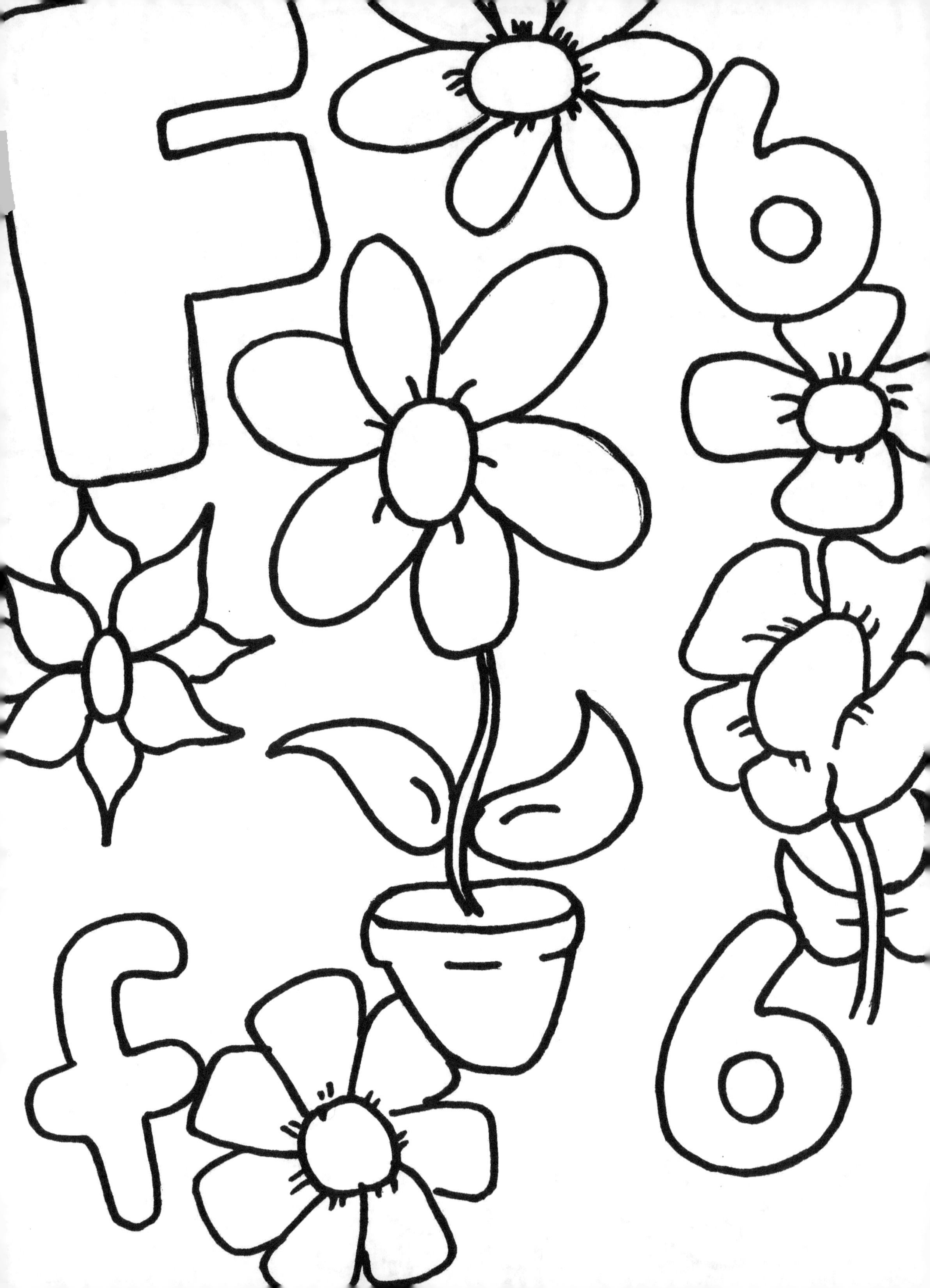
F
6
f
6

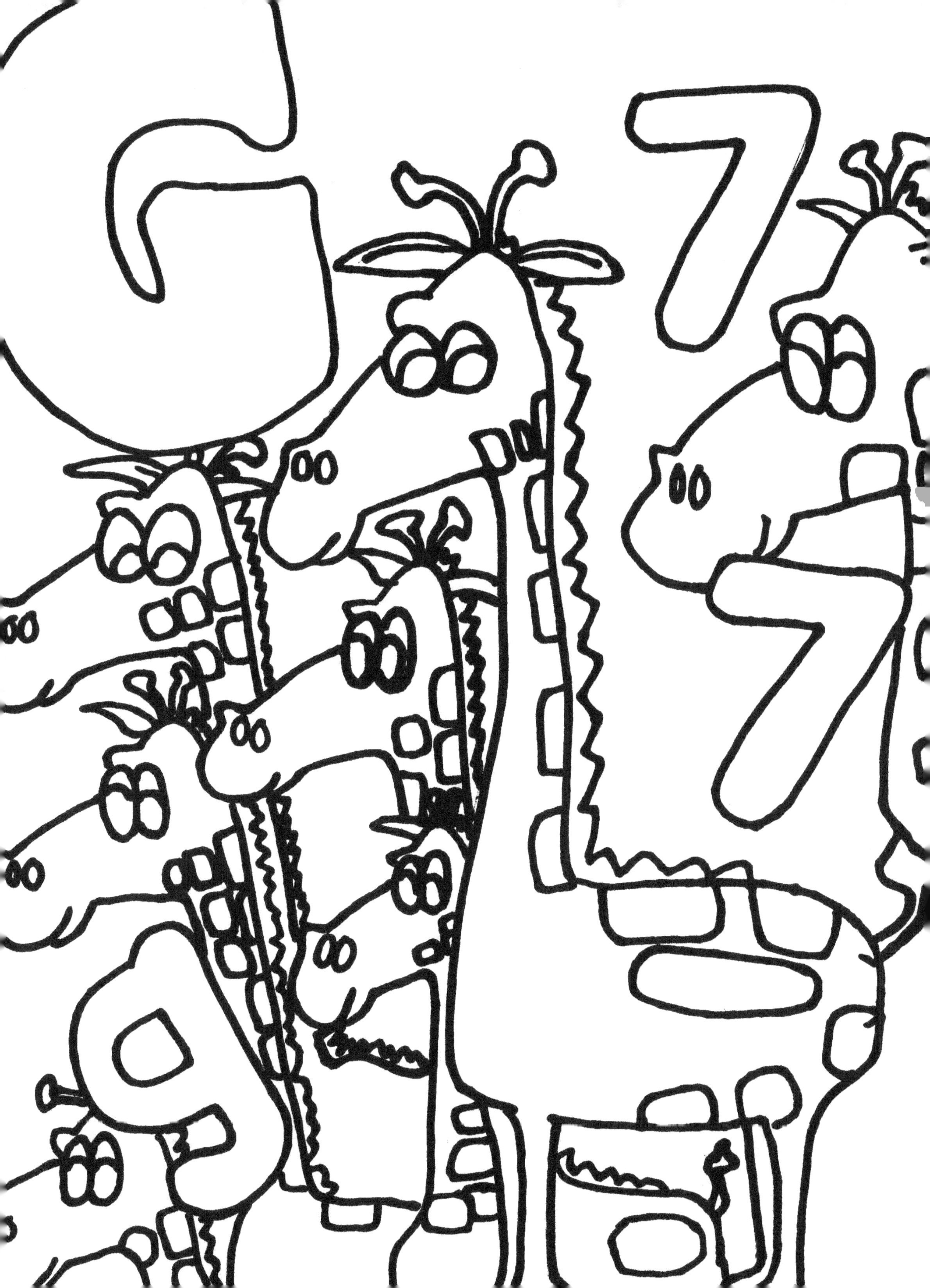

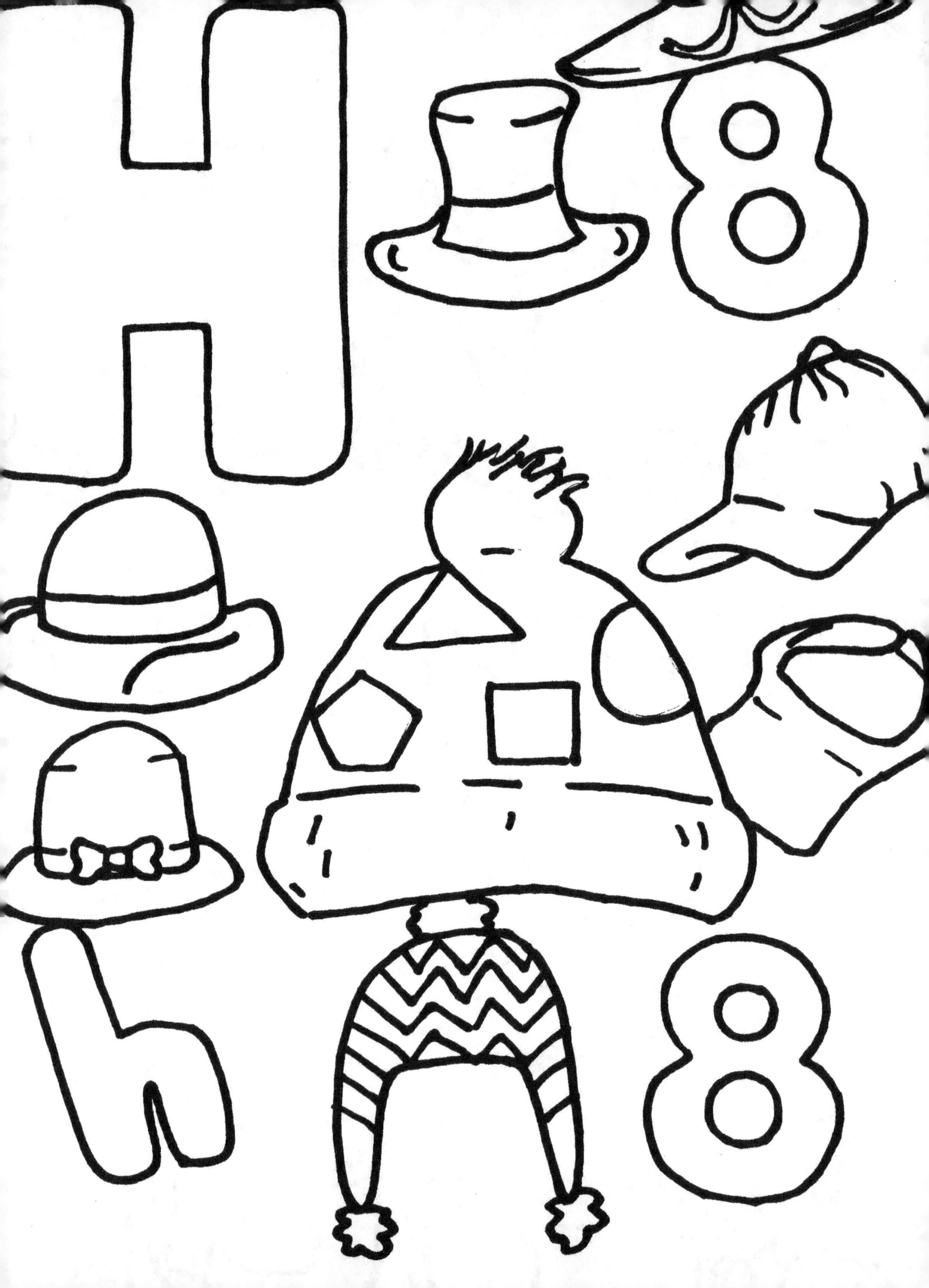
H
8
h
8

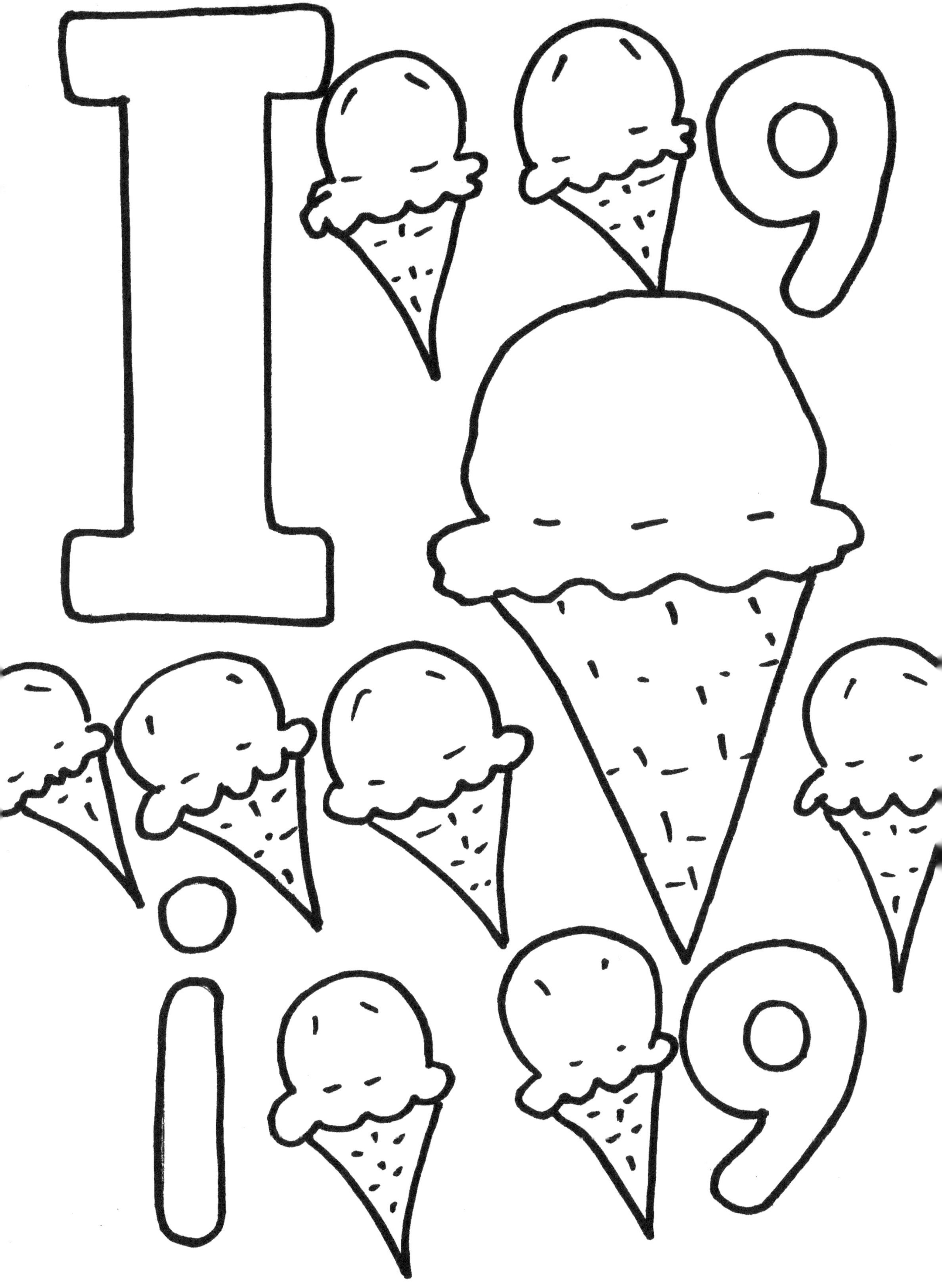
I
i

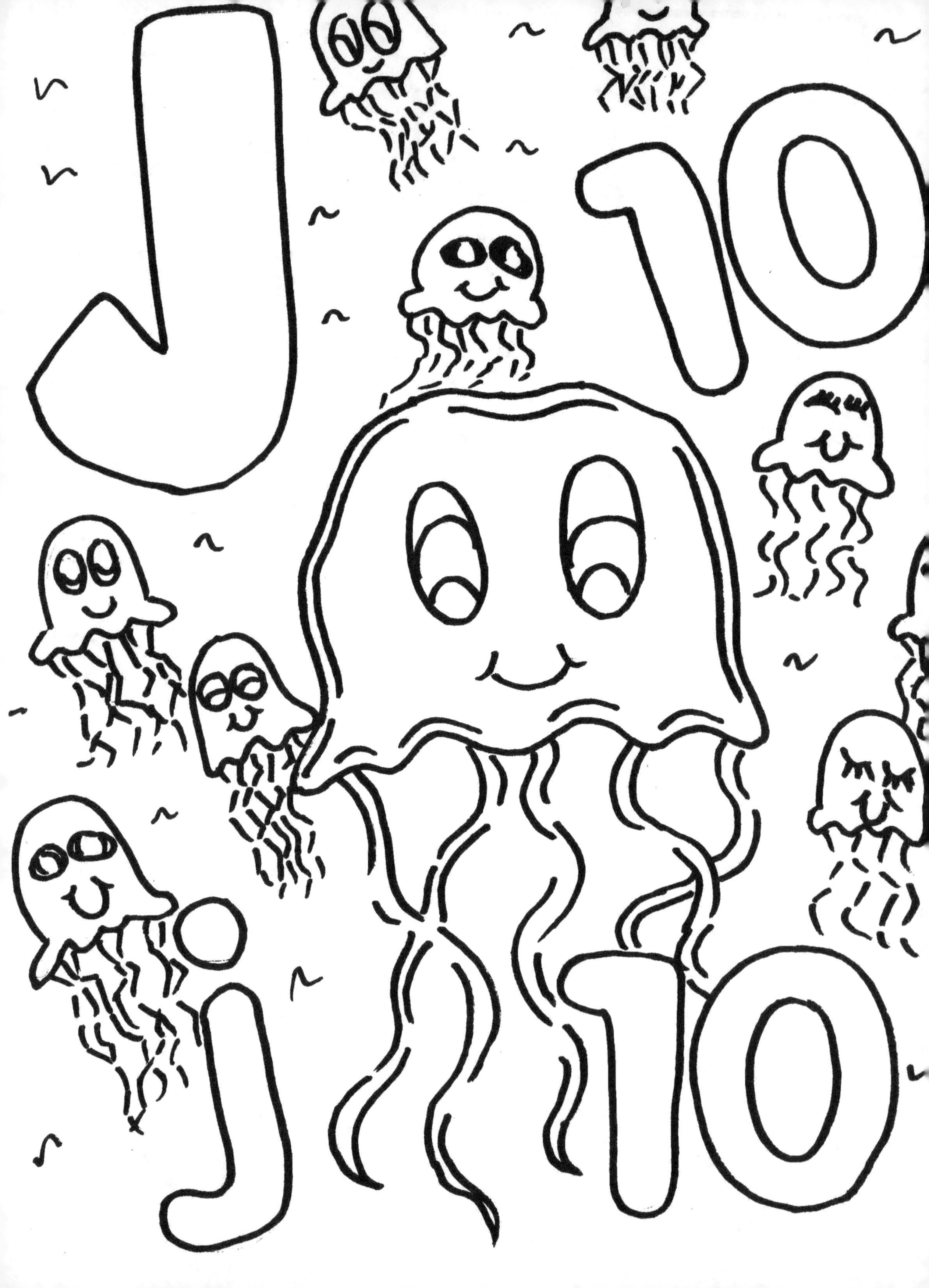

J
10
j
10

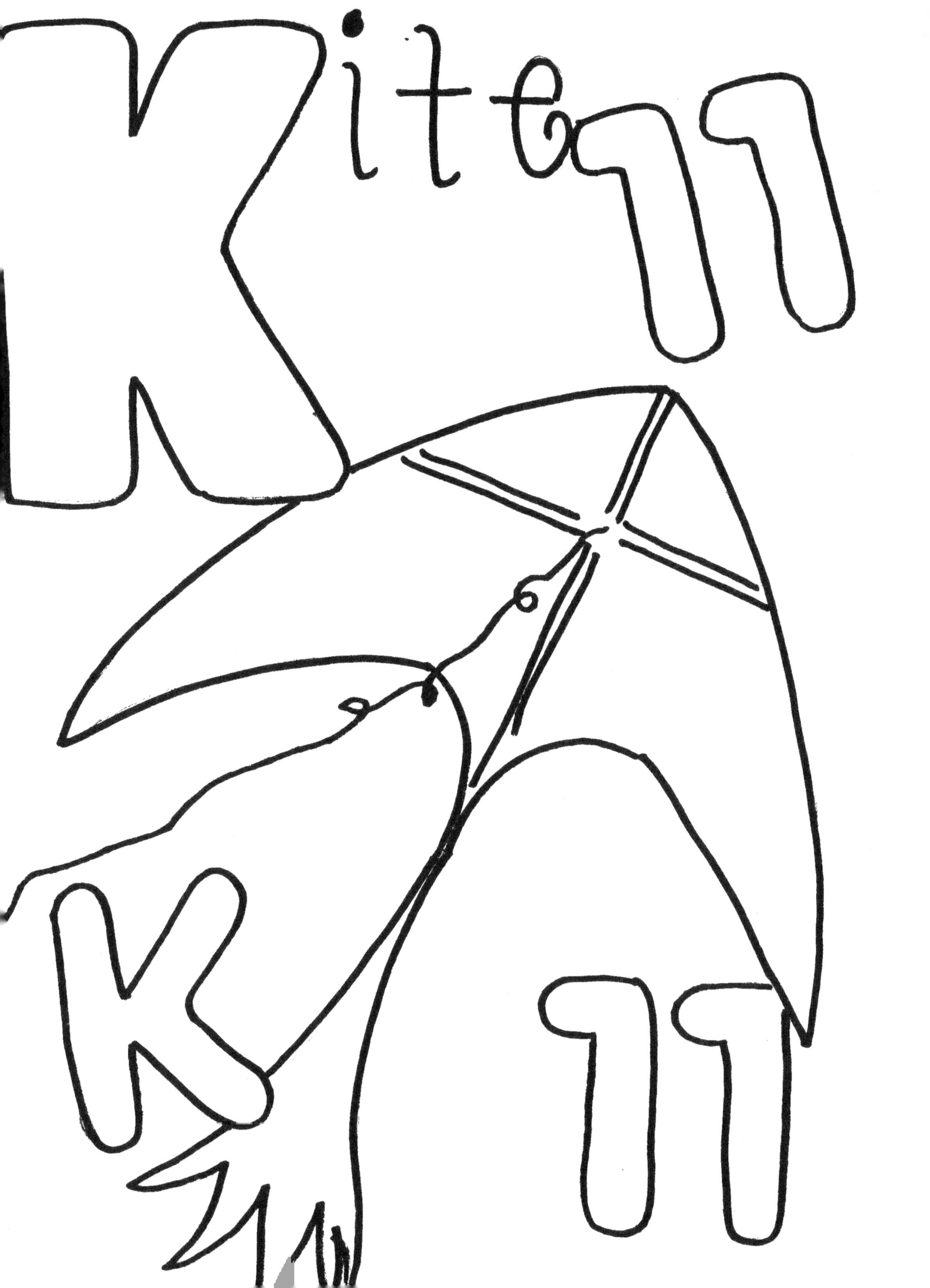
Kite 11
K 11

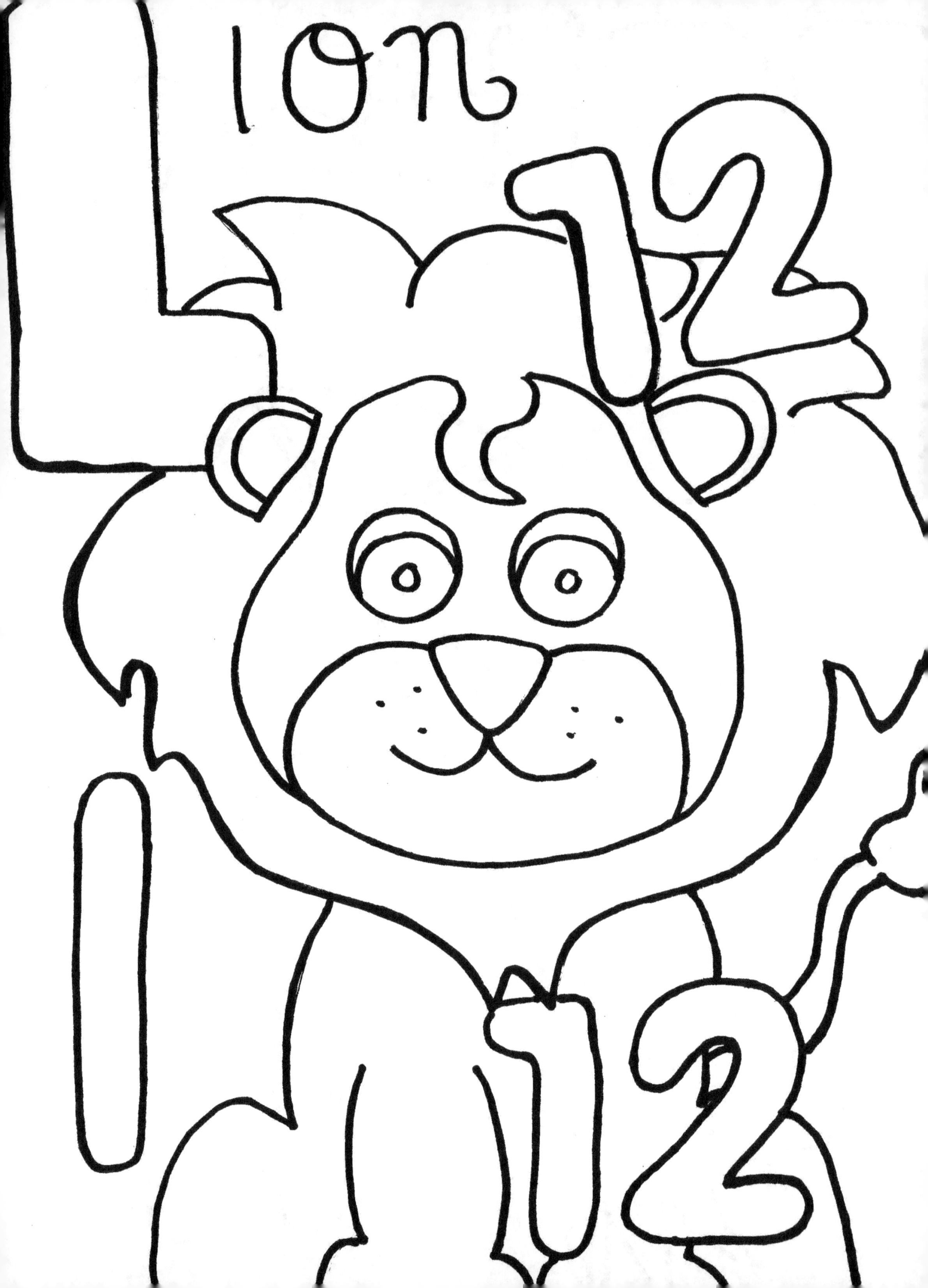
Lion
12
l
12

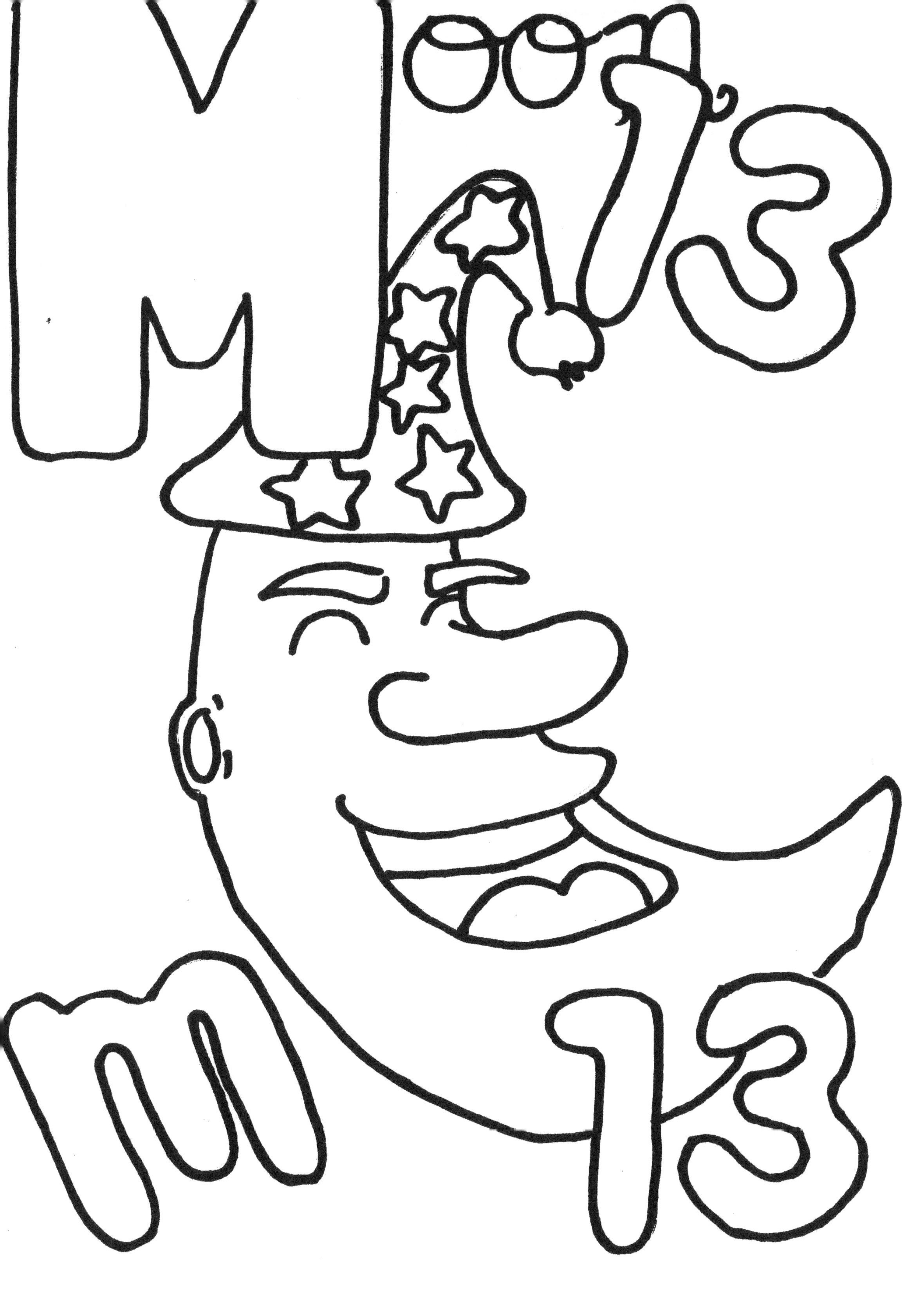
Moon
13
m
13

Nut 14

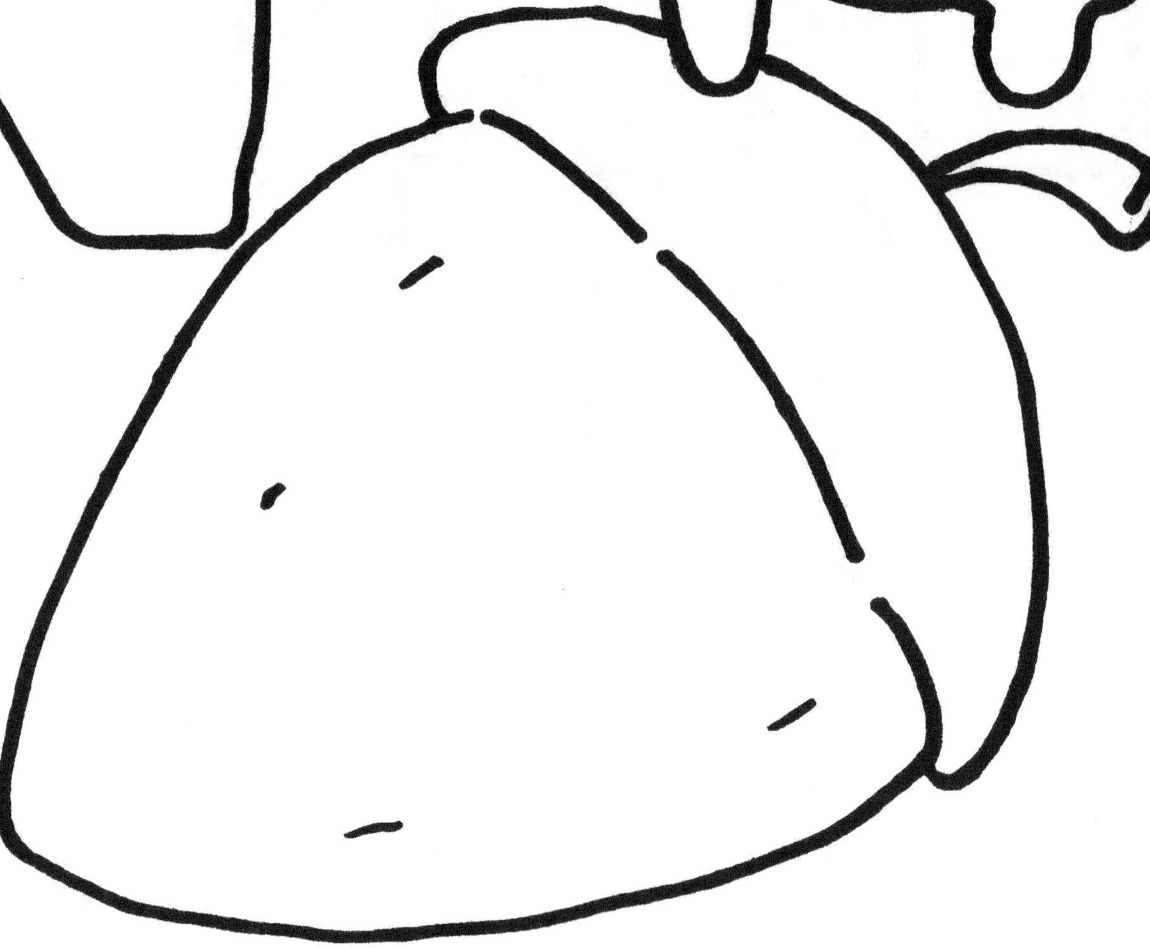

n 14

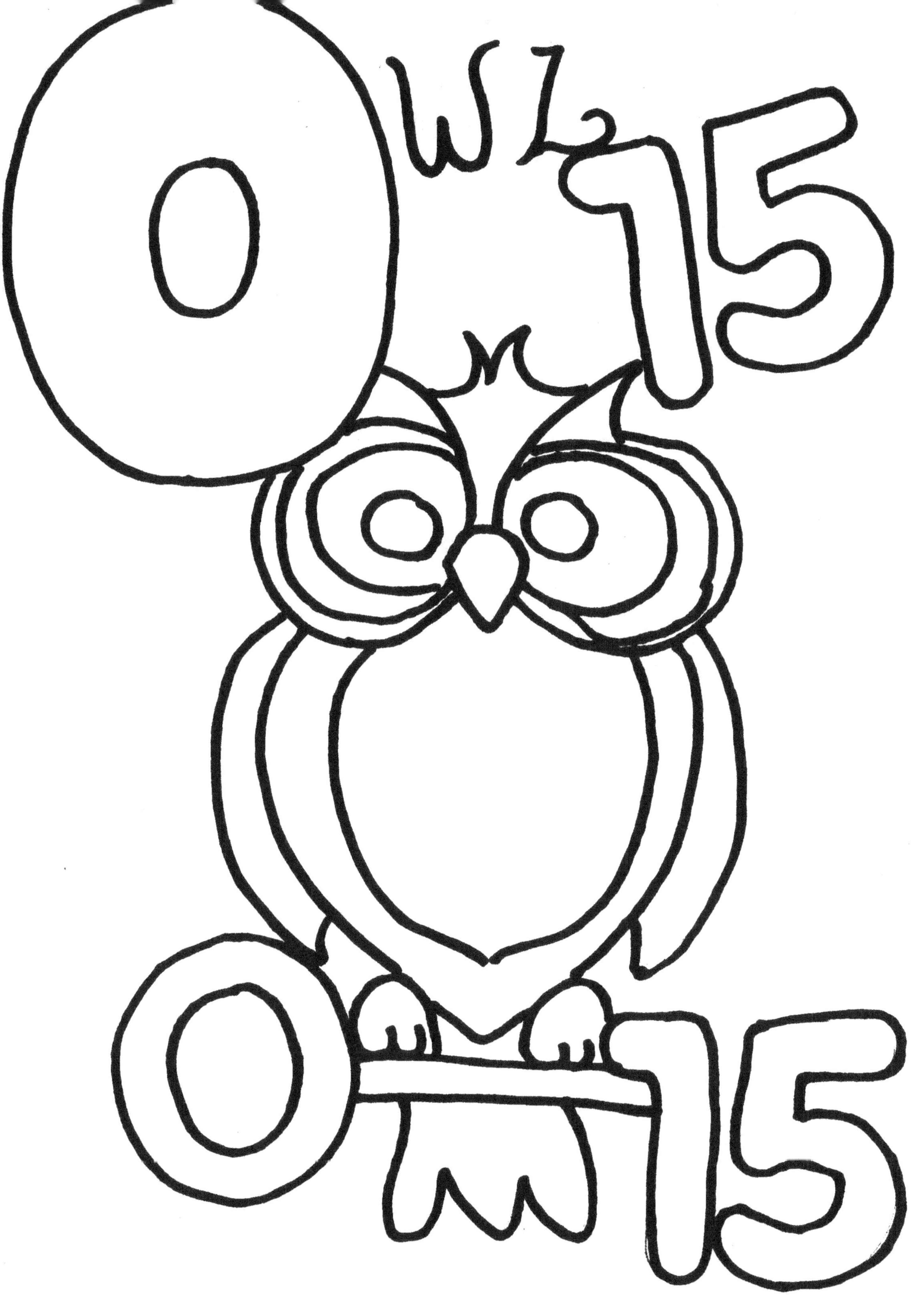

Pig 16

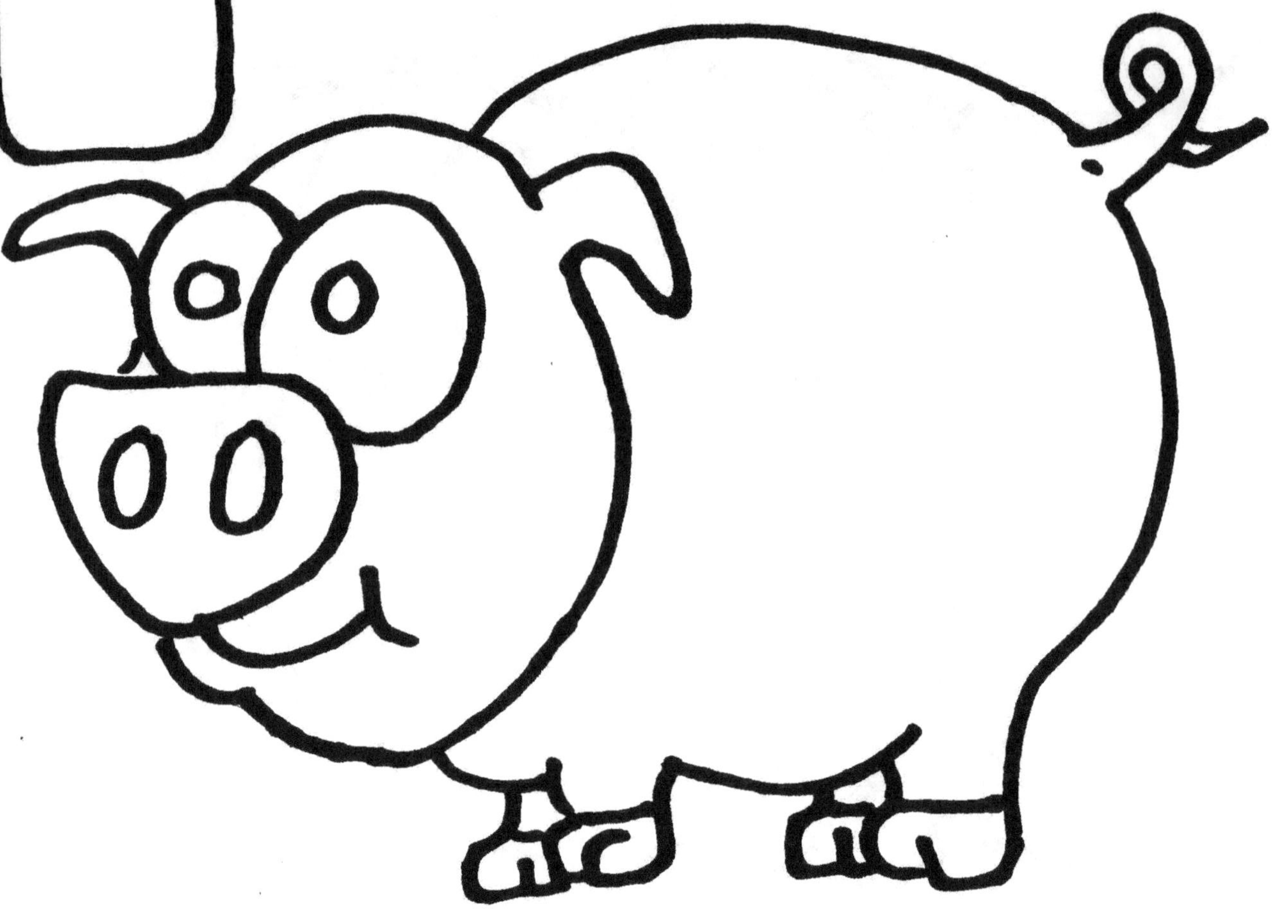

P 16

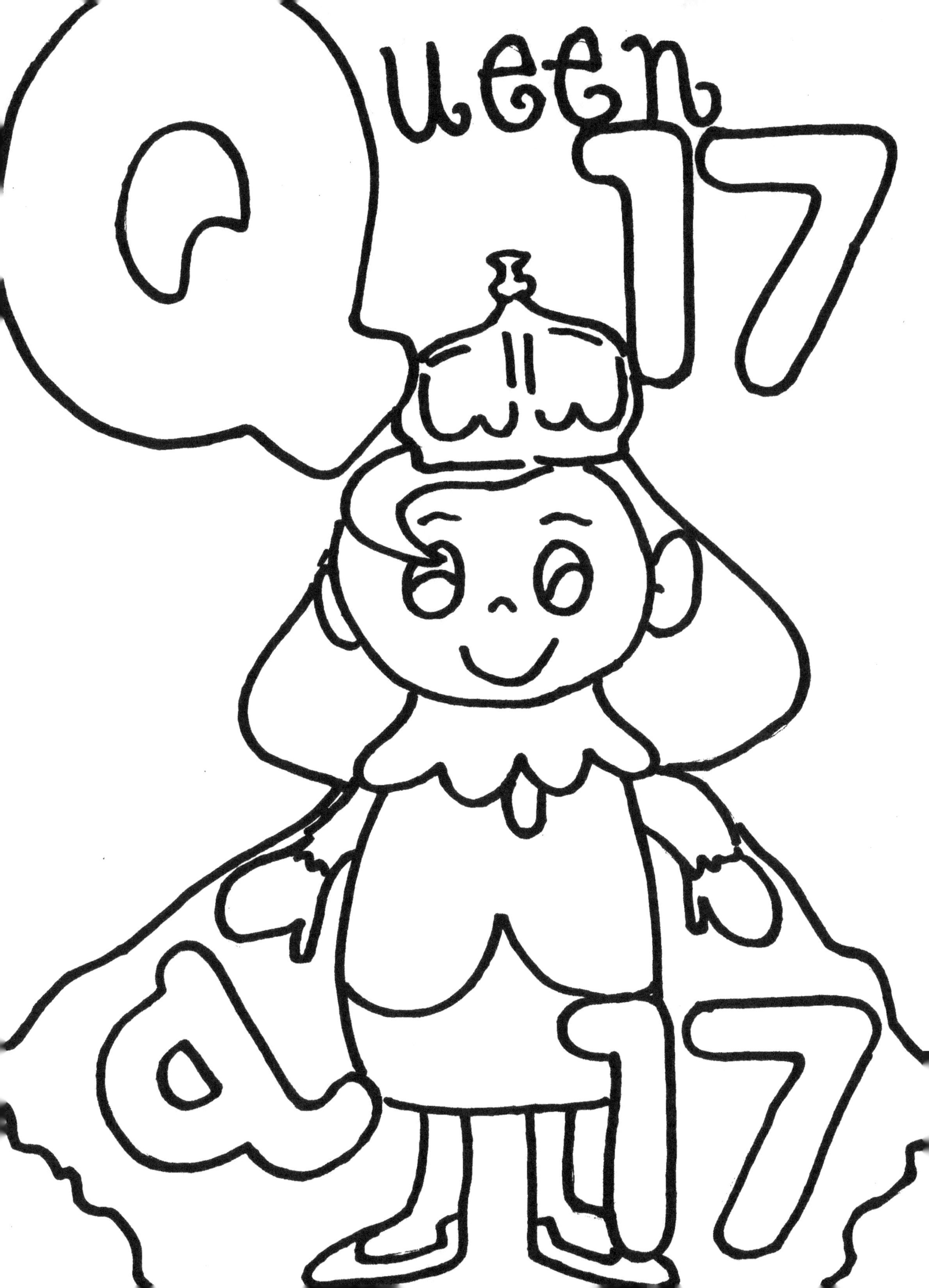

Queen
17
Q
17

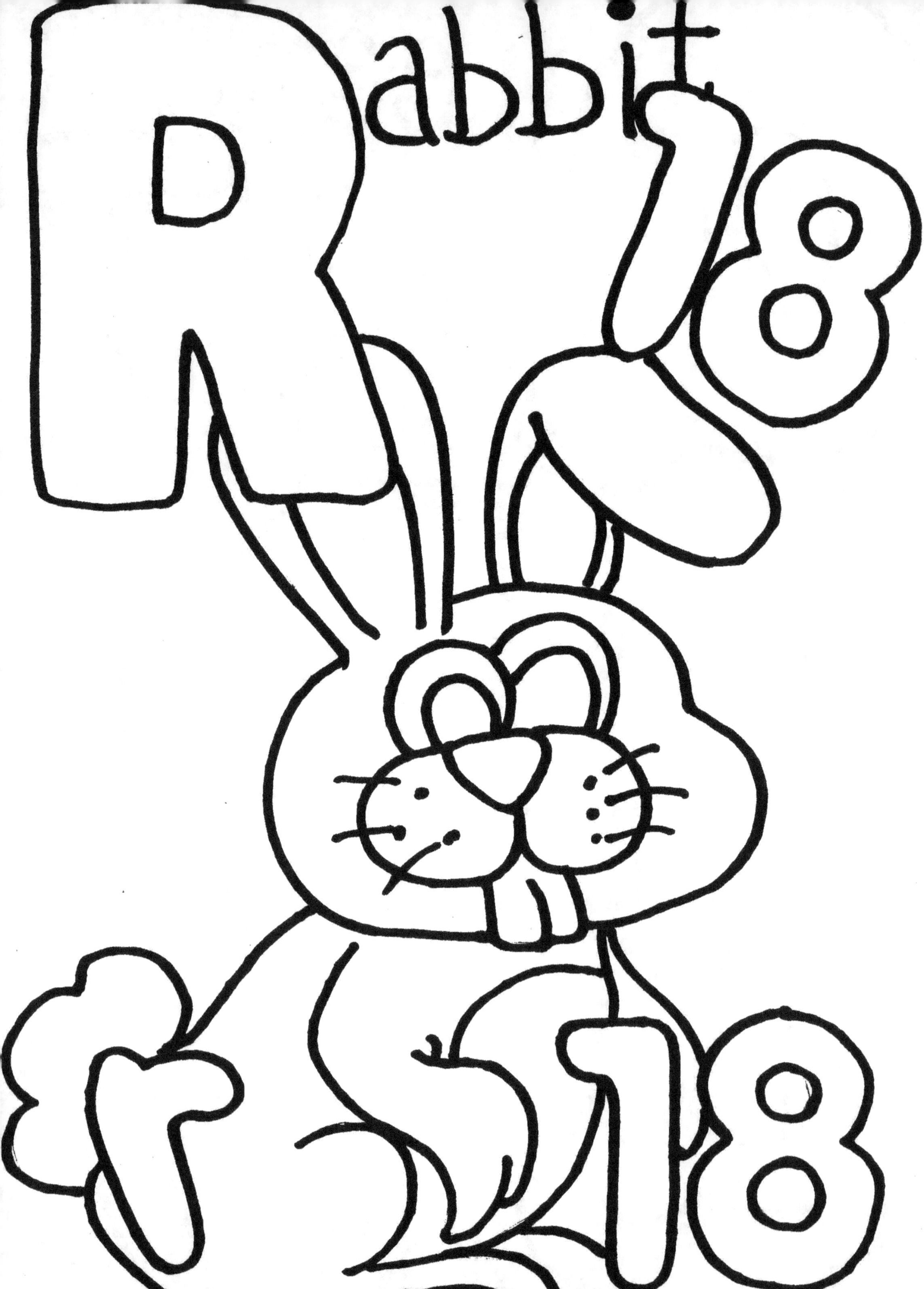

Rabbit
18
18

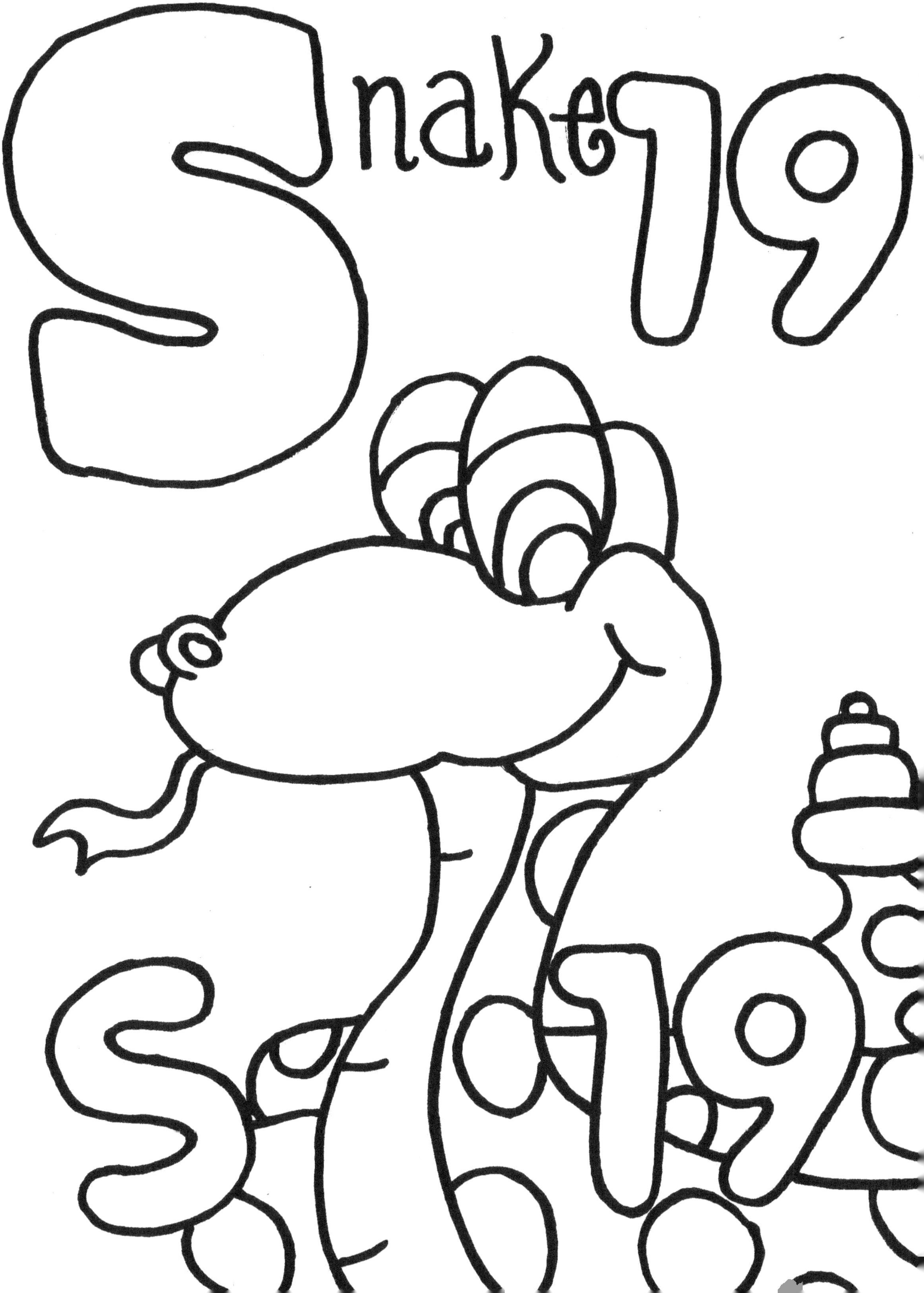
Snake19
S19

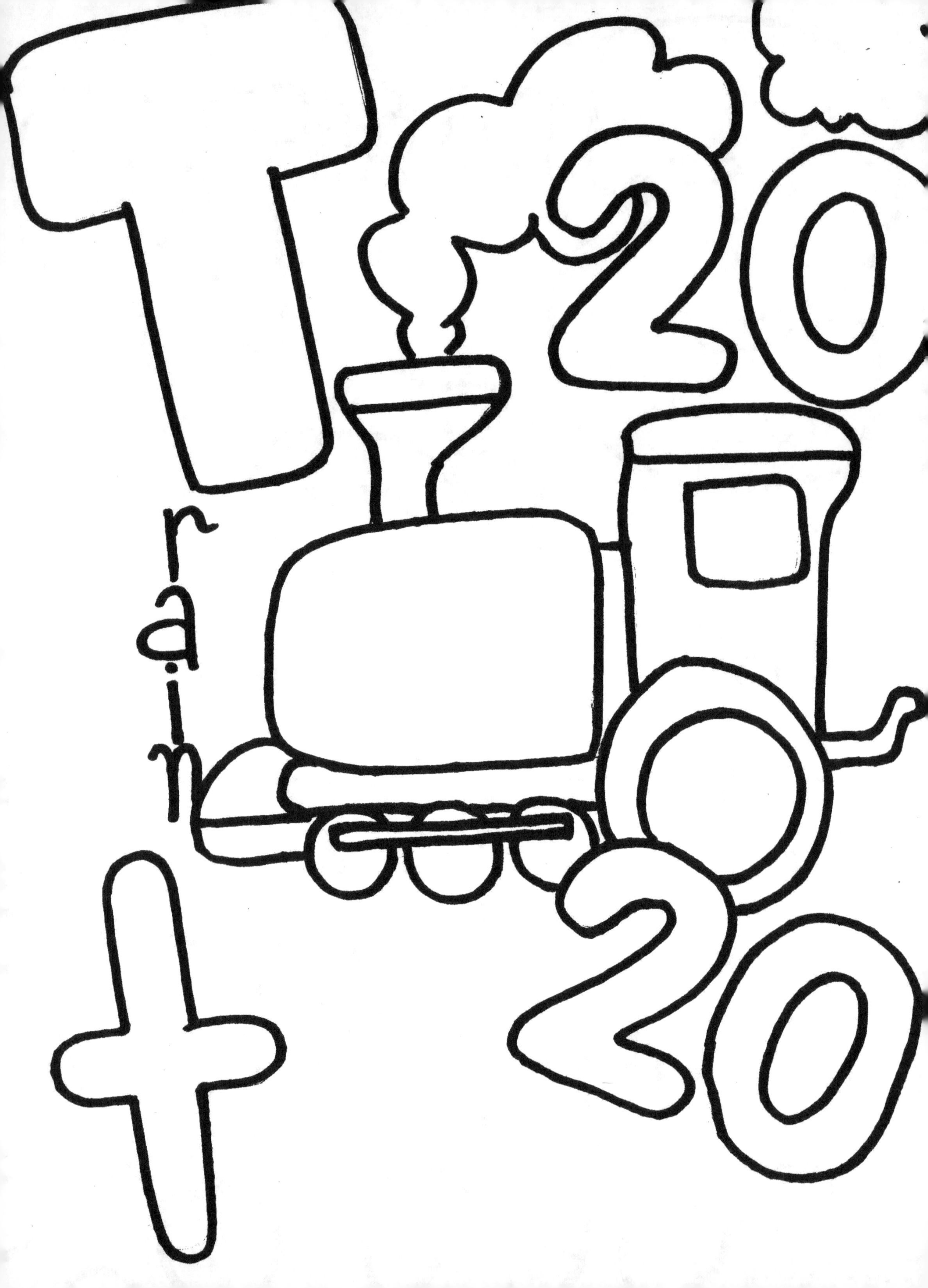
T
r
a
i
n
20
20

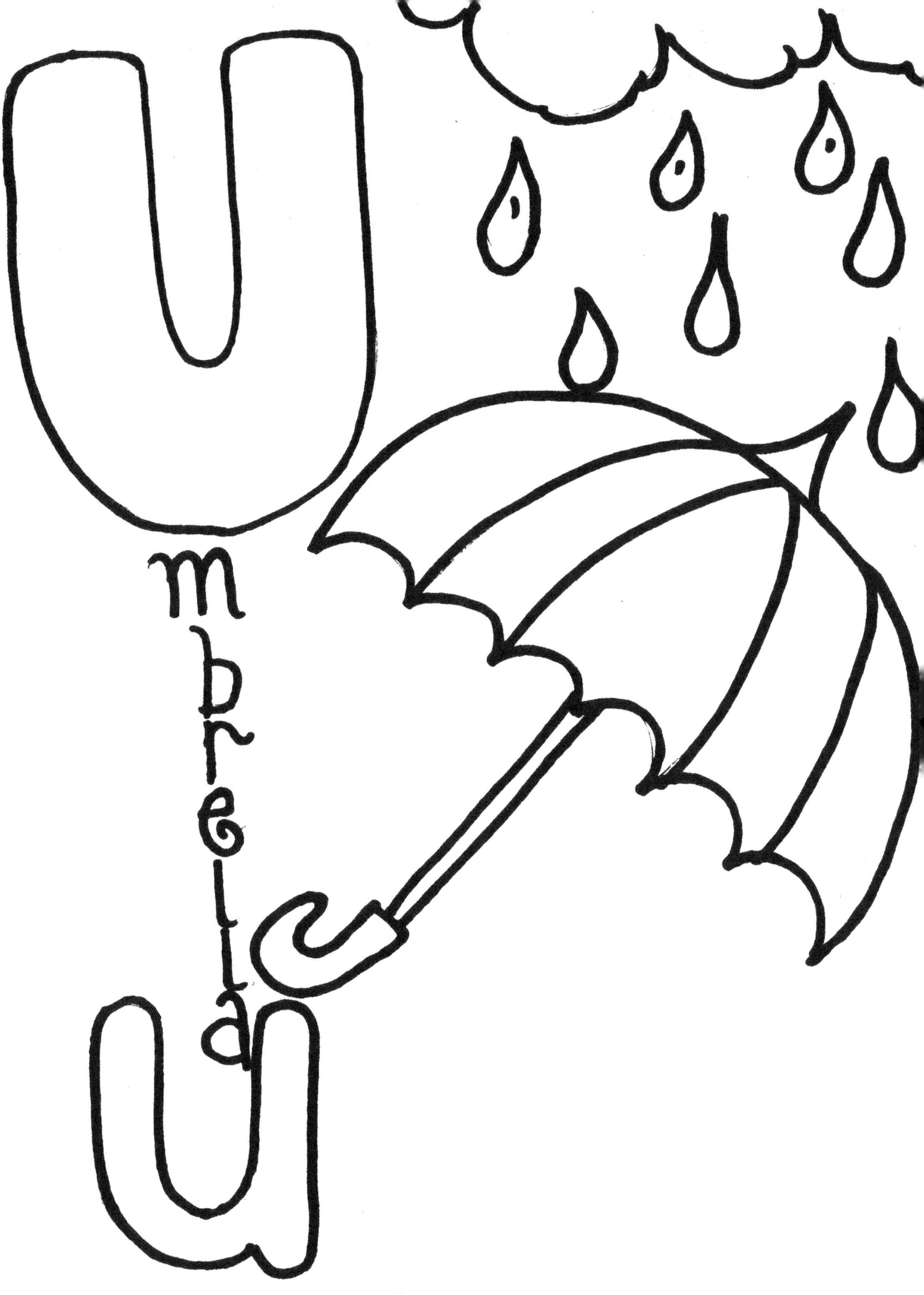
U
mbrella
u

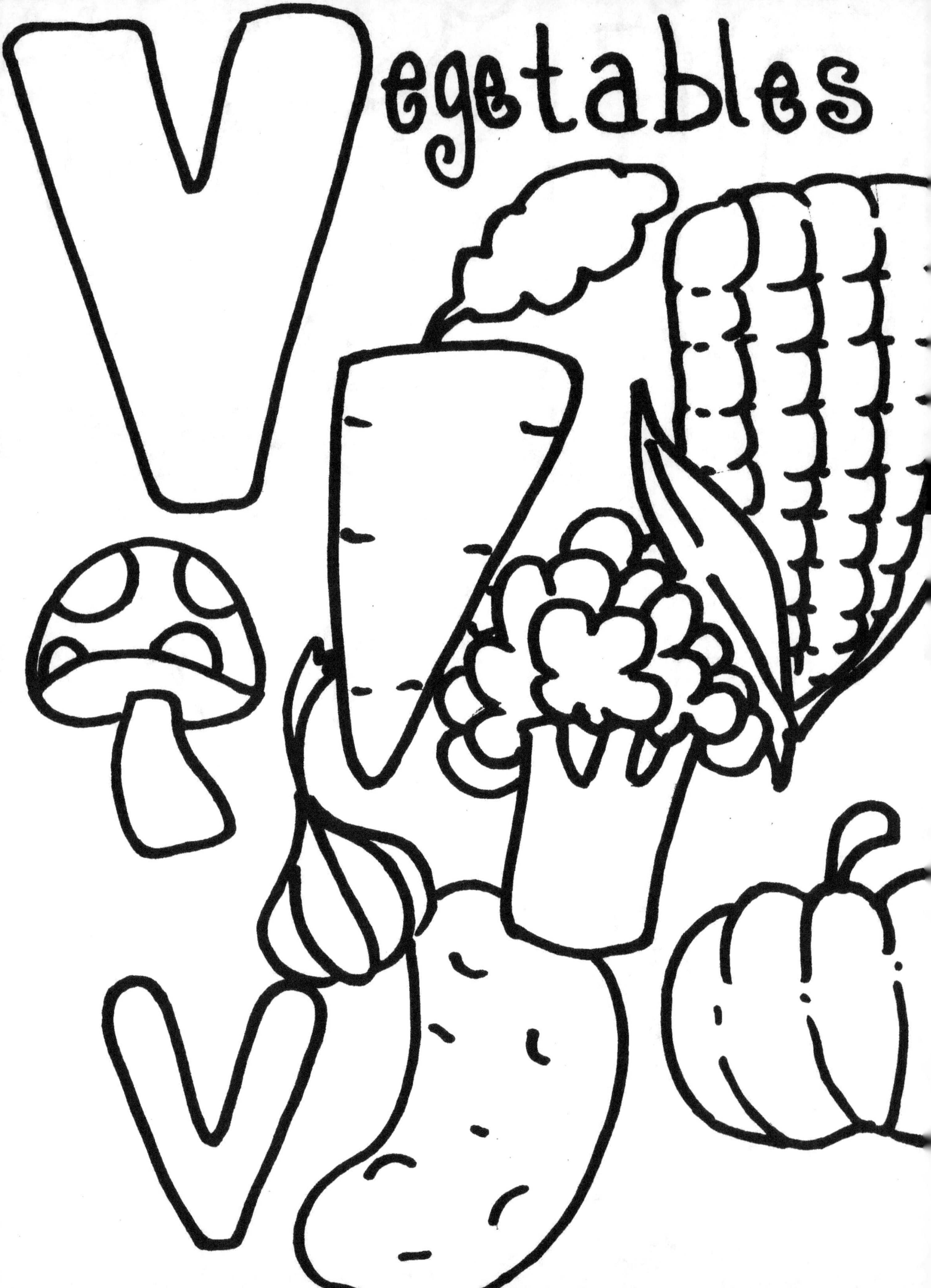
Vegetables
v

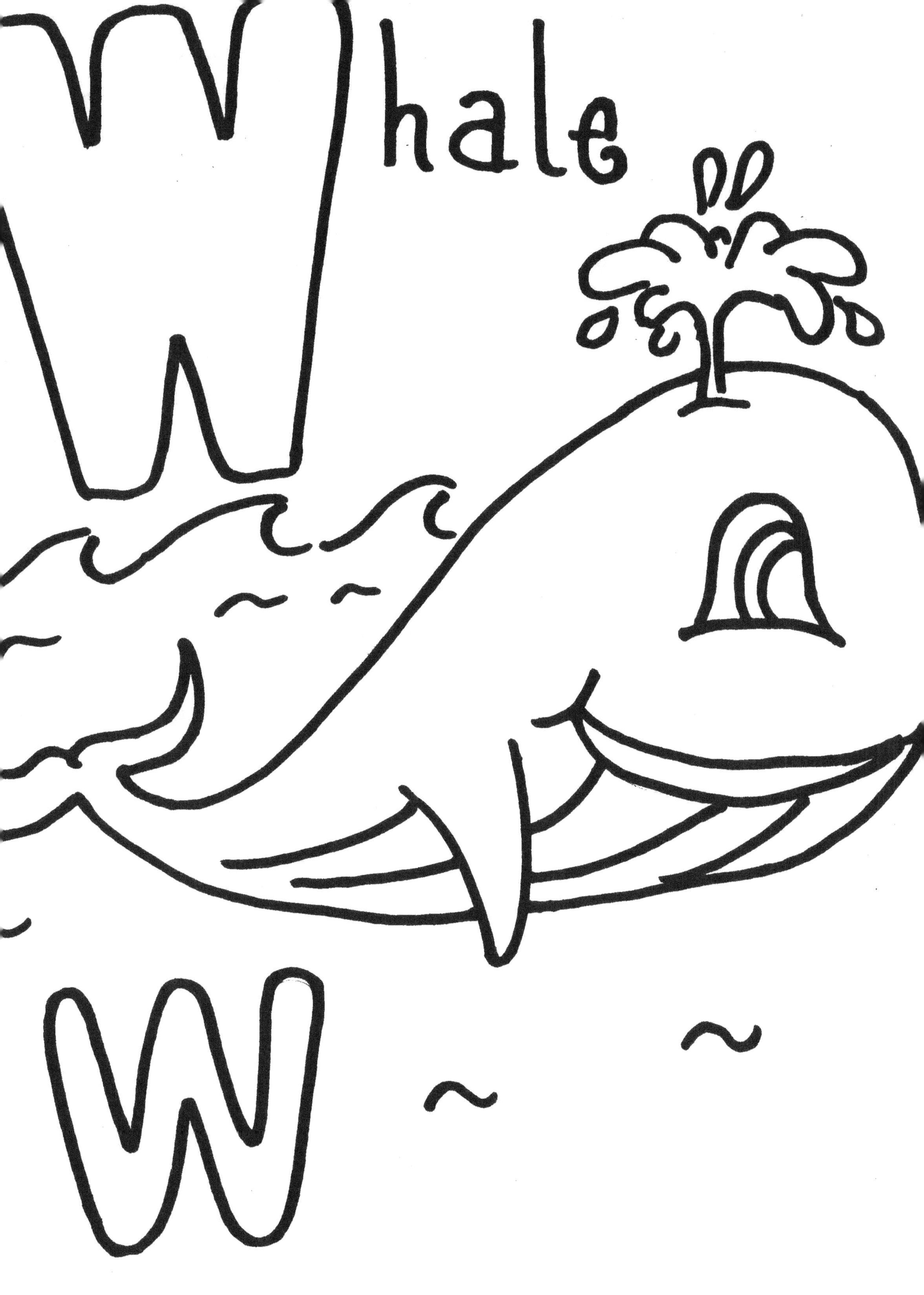
Whale
W

X

-ray

x

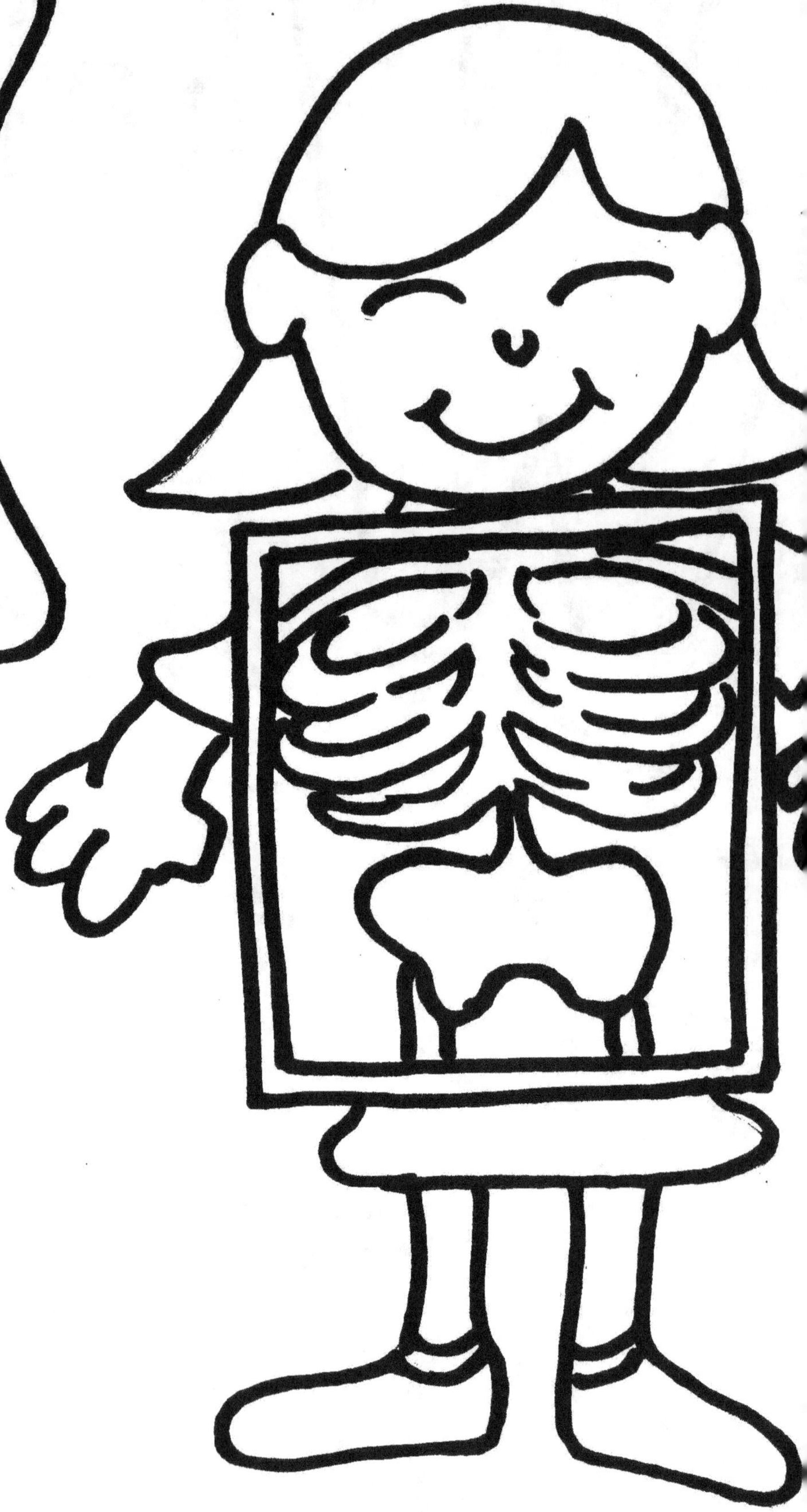

Y
o
-
y
o

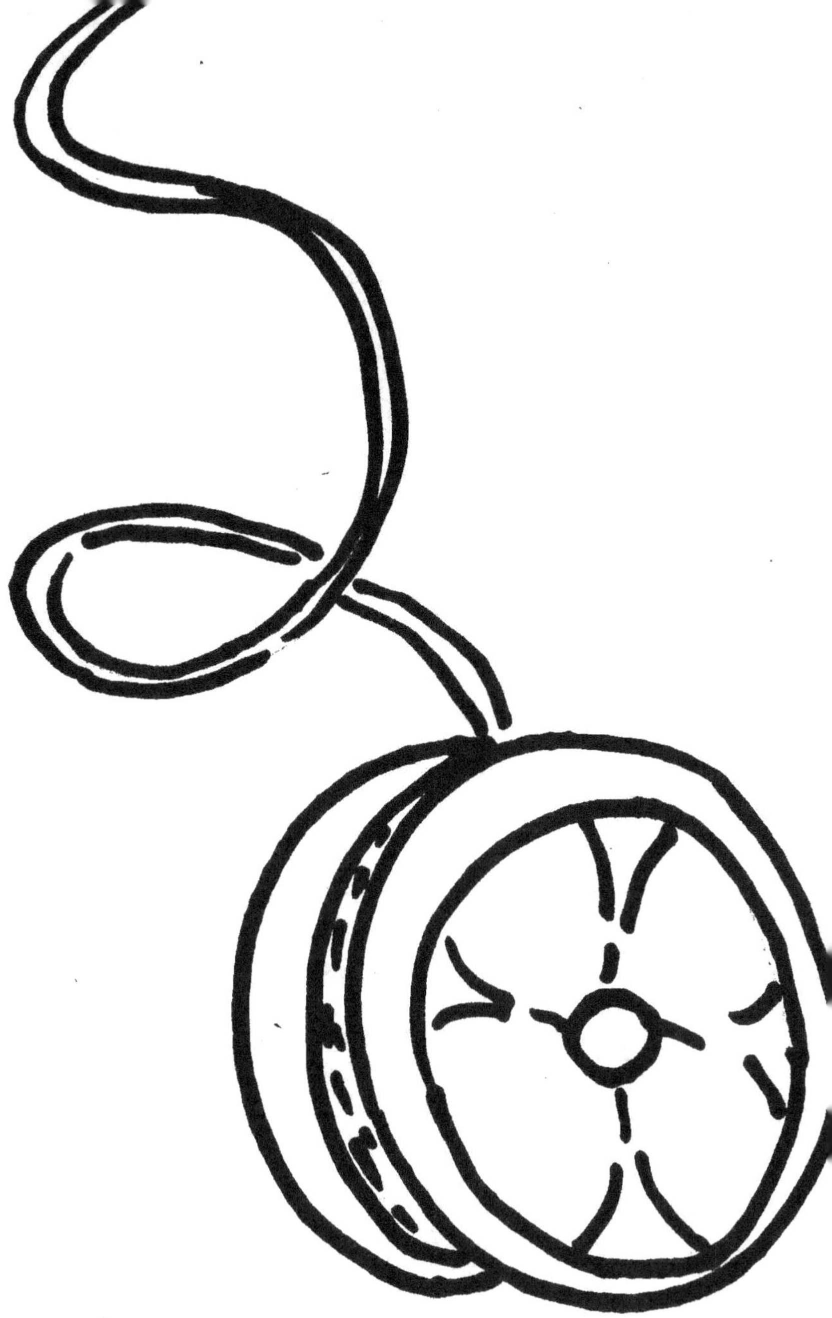

y

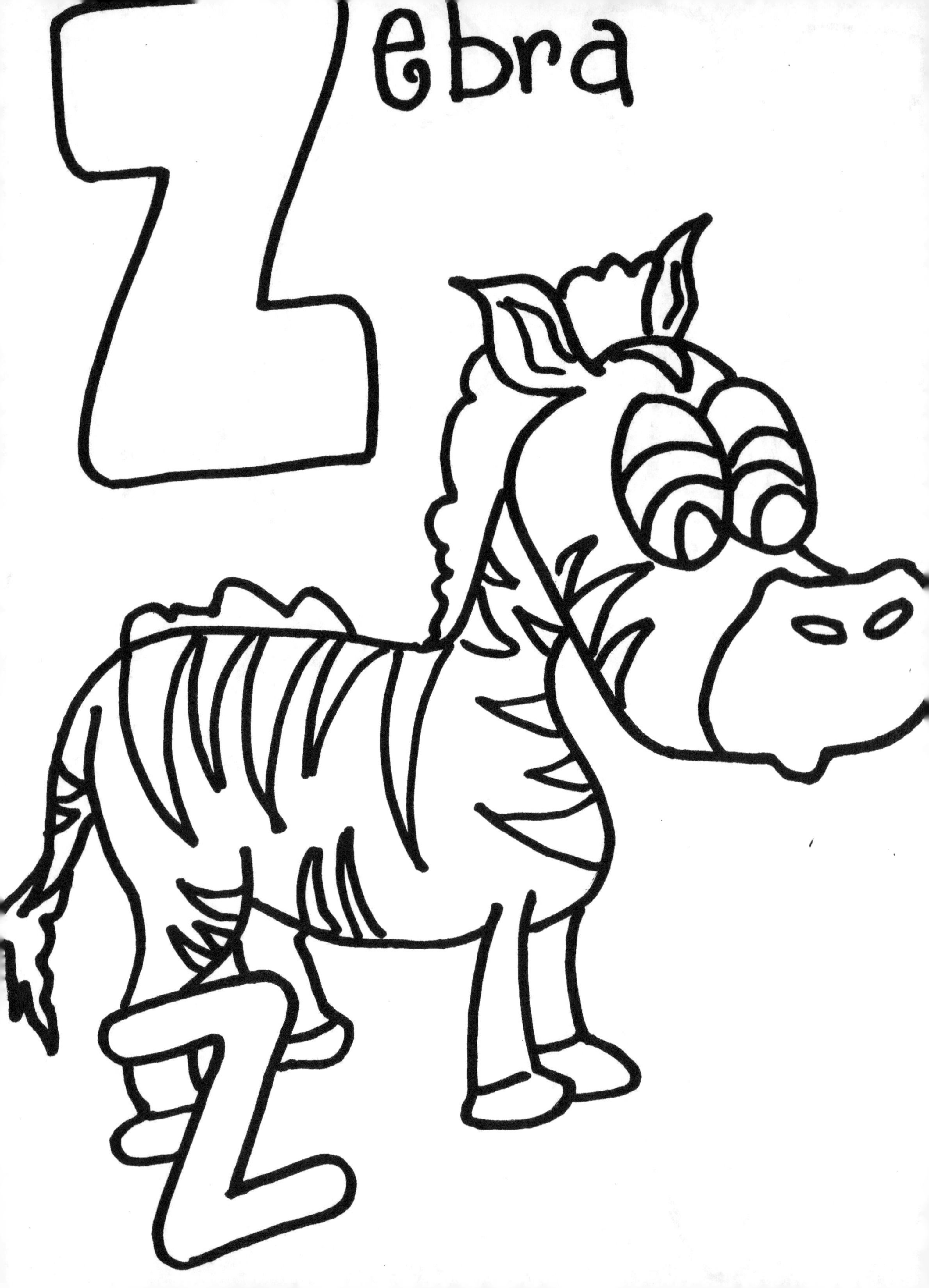
Zebra
Z

www.ingramcontent.com/pod-product-compliance
Lightning Source LLC
Chambersburg PA
CBHW080533190526
45169CB00008B/3139